ABRÉGÉ

DES

MAXIMES DES SAINTS

ABRÉGÉ

DES

MAXIMES DES SAINTS

OU

LE MOYEN D'ÊTRE SAINT

par

LE R. P. ÉTIENNE BINET, DE LA Cie DE JÉSUS (1636)

NOUVELLE ÉDITION

Revue et augmentée des principales dévotions
si recommandées aujourd'hui par Sa Sainteté Léon XIII

PAR

UN PRÊTRE DU DIOCÈSE DE BELLEY

LYON

LIBRAIRIE EMMANUEL VITTE

—

1890

APPROBATION

Nous, sous-signez, docteurs en la Faculté de théologie à Paris, certifions avoir veu et lû un livre intitulé : *Abrégé des Maximes des Saints et principaux Fondateurs des religions*, composé par le R. P. Estienne Binet, de la Compagnie de Jésus, en la province de France, dans lequel nous n'avons rien trouvé qui ne soit conforme à la doctrine de la Foy catholique, apostolique et romaine, et aux bonnes mœurs ; mais l'avons tronvé digne d'être donné au public.

Fait à Paris, ce 12 may 1636.

L. BAIL, *sous-pénitencier de Paris.*

F. EDME VESSIER.

AVANT-PROPOS

A quoi bon, dira-t-on peut-être, ce nouvel opuscule ? Certes, les livres sur la matière ne manquent pas : livres de doctrine et de morale ; livres de piété, histoires édifiantes, vies d'illustres et saints personnages ; les librairies catholiques en sont pleines. C'est vrai et, malgré ces mille moyens de s'instruire et de devenir meilleure la société chrétienne descend de plus en plus dans l'abîme, semble retourner à la société païenne toute pétrie d'égoïsme et de luxure, oubliant Celui qui est venu du Ciel pour être sa Voie, sa Vérité, sa Vie.

C'est au milieu de ces tristes réflexions que nous est venue la pensée de remettre au jour le présent opuscule, tombé fortuitement en nos mains. S'il est vieux de 254 ans, à coup sûr il paraîtra nouveau par son opportunité. La Vérité, d'ailleurs, ne vieillit pas et aujourd'hui plus que jamais nous avons besoin de l'entendre, nous rappelant la grande et unique affaire pour laquelle nous sommes ici-bas : sauver notre âme.

Or, cet opuscule est l'abrégé des maximes, sentences et affections des saints, le moyen de se sanctifier. Il est doublement précieux ; d'abord, en ce qu'il renferme substantiellement et brièvement ce qu'il faut savoir et pratiquer ; puis en ce que, par le jour et la vivacité de l'expression, il s'empare de l'âme éclaire son ignorance, aiguillonne son indifférence et raille sa lâcheté au service de Dieu. En notre siècle à l'esprit léger, on n'aime pas les gros livres, les longues dissertations, quel que soit leur mérite; eh bien, en voici un tout petit, à la portée de tous, qui convient à tous; car les maximes de Jésus-Christ et de Saints s'adressent à tous les chrétiens, pèlerins de la terre s'acheminant vers le ciel.

Les personnes en religion y trouveront une nouvelle ardeur dans la voie de la perfection, à la voix de leurs fondateurs ;

Les pieux fidèles y puiseront le courage et la persévérance ;

Les indifférents et les tièdes seront ébranlés, secoués, éclairés, frappés par les vives lumières de ces maximes. En un mot : il est le Pensez-y bien, *ou, si vous voulez, la clef qui remonte l'horloge de l'âme, ou bien encore l'Eperon spirituel dans la résistance à la grâce.*

Voilà, sans doute, selon notre petit livre, le moyen d'être saint ; mais hélas ! si en tout temps le chrétien a besoin de protecteurs pour le défendre contre les maximes et les séductions du monde, contre les puissances des ténèbres et contre ses propres passions, il en a un besoin plus urgent encore en nos temps si troublés. Nous avons donc jugé à propos de donner comme supplément aux maximes des Saints, les dévotions si fortement recommandées par notre Mère, la sainte Eglise romaine, dans la personne de son Chef, savoir : Au Très Sacré Cœur de Jésus, à la très sainte Vierge et à saint Joseph. Nous avons cru devoir y ajouter celle aux saints Anges gardiens, dévotion aussi aimable qu'utile, et, pourtant, si généralement méconnue ou négligée.

Cela dit, chers lecteurs, il ne nous reste qu'à vous offrir notre souhait fraternel : que ce petit livre vous soit vraiment le moyen d'être saints !!!

MAXIMES

DE JÉSUS-CHRIST

Principe et couronne de la sainteté.

Soyez saints, parce que je suis saint.
(Lév. II-44).

1° Personne ne peut servir deux maîtres ; ou il haïra l'un et aimera l'autre ; ou il s'attachera à l'un et méprisera l'autre.
Ainsi, vous ne pouvez tout ensemble servir Dieu et l'argent (1).

2° Ne craignez point ceux qui tuent le corps, et qui ne peuvent tuer l'âme ; mais craignez plutôt celui qui peut perdre dans l'enfer et le corps et l'âme (2).

(1) Saint Matth., VI-24. — (2) Saint Matth., X-28.

3° Il est plus facile qu'un chameau passe par le trou d'une aiguille, qu'un homme riche entre dans le ciel (1).

4° L'homme ne vit pas seulement de pain, mais de toute parole qui sort de la bouche de Dieu (2).

Cherchez d'abord le royaume de Dieu, et sa justice, et tout le reste vous sera donné comme par surcroît (3).

5° Quiconque me confessera devant les hommes, je le confesserai aussi moi-même devant mon Père qui est dans les cieux (4).

6° Je suis la voie, la vérité, la vie (5). Quiconque me suit ne marche pas dans les ténèbres et aura la lumière éternelle (6).

Que sert à l'homme de gagner l'univers entier s'il vient à perdre son âme (7)? Une seule chose est donc nécessaire, le salut (8).

(1) Saint Marc, X-25. — (2) Saint Matth., IV-4. — (3) Saint Matth., VI-33. — (4) Saint Matth., X-32. — (5) Saint Jean, XIV-6. — (6) Saint Jean, VIII-12. — (7) Saint Matth., XVI-26. — (8) Saint Luc, X-42.

7° Quiconque s'élève sera abaissé, et quiconque s'abaisse sera élevé (1).

8° Car, apprenez de moi que je suis doux et humble de cœur (2).

9° Quand vous aurez fait tout ce qui vous est commandé, dites alors : nous sommes des serviteurs inutiles, nous n'avons fait que ce que nous étions obligés de faire (3).

10° Si vous ne faites pénitence vous périrez tous (4).

11° En vérité, je vous le dis : ce que vous ferez au plus petit des miens, je le tiendrai fait comme à moi-même (5).

12° Veillez et priez pour ne pas entrer en tentation (6).

13° Sans moi, vous ne pouvez rien faire (7).

14° Mais, je vous le dis : tout ce que vous demanderez à mon Père en mon nom, vous sera accordé (8).

(1) Saint Luc, XIV-11. — (2) Saint Matth., XI-29. — (3) Saint Luc, XVII-10. — (4) Saint Luc, XIII-5 — (5) Saint Matth., XXV-40. — (6) Saint Marc., XIV-38. — (7) Saint Jean, XV-5. — (8) Saint Jean, XIV-13.

15° Ayez donc confiance en moi, j'ai vaincu le monde (1).

(1) Saint Jean, XVI-33.

MAXIMES

DE SAINT ANTOINE

Patriarche des Ermites.

Né en 251, il vécut 105 ans et mourut en 356.
Sa fête se fait le 17 janvier.

1° On peut trouver le Paradis en tout lieu, pourvu que le cœur de l'homme soit dans le cœur de Dieu.

2° Le diable craint infiniment les bonnes prières, la vraie humilité et la charité bien fidèle.

3° Pour être bientôt parfait, il ne faut que deux points : 1° croire qu'on n'a commencé de servir Dieu qu'aujourd'hui, et 2° qu'aujourd'hui c'est le dernier jour de notre vie.

4° Le plus puissant moyen de surmonter le diable et les vices, c'est la joie cordiale et la présence de Dieu.

5° La maîtresse des vertus est la discrétion.

6° L'homme peut tout qui se défie entièrement de soi-même, et se confie entièrement en Dieu.

7° Qui sait mépriser le monde sait tout mais qui ne sait pas cela peut dire qu'il ne sait rien.

8° Oh ! que les diables sont faibles quand on a recours à Dieu !

9° Puisque Dieu est avec moi, je ne crains plus rien en ce monde.

10° Toute la science de l'homme est d'aimer Dieu de tout son cœur.

MAXIMES

DE SAINT BASILE

Evêque de Césarée, principal auteur des Cénobites en Orient.

Il mourut l'an de N.-S. J.-C. 379. Sa fête se fait le 14 juin.

1° Oseriez-vous promettre à Dieu tant de fois une chose et ne pas la tenir, vous qui faites profession de ne rien promettre aux hommes que vous ne teniez parole ?

2° Il n'y a qu'une joie au monde, que l'on trouve dans le sein virginal de la vertu : et il n'y a qu'un seul sujet de tristesse, à savoir, le péché.

3° Voulez-vous toujours faire bien tout ce que vous faites ? Représentez-vous que Dieu vous regarde, et que lui et le bon ange sont vos deux témoins ordinaires.

4° Faire tout et croire ne rien faire, c'est signe que l'on fait bien ce que l'on fait.

5° Le trésor de l'âme c'est la pauvreté du corps : plus le corps est richement paré, plus l'âme est nécessiteuse ; plus il est méprisé, plus l'âme est riche.

6° Se venger d'une injure est le propre d'un homme colère ; mais réprimer sa passion, il n'appartient qu'au sage.

Ne vous tuez pas pour vous remplir l'esprit de science ; mais aimez Dieu bien purement, et vous voilà parfaitement savant,

MAXIMES

DE SAINT PACOME

Père de 8.300 moines, auxquels il donna la règle que l'ange du ciel avait dictée.

Il mourut vers l'an 348, à l'âge de 110 ans. Sa fête se fait le 14 mai.

1° Quand vous feriez miracle sans conseil et direction, vos miracles ne seraient plus miracles.

2° Mes frères, ne vous hâtez pas de courir au martyre. La vie que nous menons est un long et rude martyre quand on vit comme il faut.

3° Nos déserts ne sont plus déserts depuis que le paradis y est tombé par le moyen des souveraines consolations et des torrents de délices qne Dieu y fait couler.

4° Le bon ermite vit plus des rosées du ciel et de saintes prières, que de pain et de sel.

MAXIMES

DE SAINT JÉROME

Docteur l'an 420.

Sa fête est le 30 septembre.

1° A tout moment il me semble que le son aigu de la trompette effroyable m'appelle au dernier jugement.

2° Quand l'homme a une bonne fois regardé les voûtes roulantes du paradis. et s'est laissé gagner à leur beauté, il n'aime plus rien des choses de ce monde.

3° Il est impossible d'être bien heureux et en terre et au ciel. Il faut perdre l'un des deux si on veut gagner l'autre.

4° Quand je pense à l'éternité et à ses durées éternelles, tous les maux ne me semblent plus rien.

5° Si le paradis était dans nos cœurs, gravé bien profondément, nos cœurs seraient toujours dans le sein du paradis et en paix inébranlable.

6° Oh ! que les déserts sont délicieux à une âme qui a une fois goûté les attraits de la perfection et les vrais biens du ciel !

7° Le silence, la solitude, la prière et l'austérité, sont les quatre parties du monde pour un bon cœur et les quatre éléments pour faire un saint.

MAXIMES

DE SAINT AUGUSTIN

Evêque et docteur

Il rétablit l'ordre des chanoines réguliers et mourut l'an de N.-S. 430, à l'âge de 76 ans. Sa fête se fait le 28 août.

1° Quand je vois Jésus-Christ, quand je vois la Vierge Marie, je ne sais où je suis, ni de quel côté me tourner. Ce sang me nourrit, ce lait m'engraisse. Hélas ! tous deux enlèvent mon cœur.

2° Je veux que l'on sache bien que Dieu est mon maître et qu'Augustin ne veut point d'autre Seigneur.

3° Vivre et mourir est une même chose quand notre volonté est unie à celle de Dieu.

4° Je ne sais ce que je veux, ni ce que je dois faire. Mon Dieu ! commandez tout ce qu'il vous plaira et donnez-moi tout ce que vous me commanderez.

5° Oh ! que je serais heureux si je pouvais entendre la voix des Bienheureux qui louent Dieu sans cesse !

6° Dieu a fait toutes choses pour l'homme, mais il a fait l'homme pour lui seul, lui imprimant son image et ressemblance, afin d'être aimé, honoré et servi par lui.

7° Oh ! que tard je vous ai aimée, beauté divine ! que tard je vous ai connue !

8° Grand Dieu, vous avez percé mon cœur du dard de votre amour ; que je serais heureux si mon cœur devenait un dard pour percer le vôtre !

9° Faites, mon Dieu, que je vous aime, car sans vous rien n'est bon.

MAXIMES

DE SAINT BENOIT

Grand patriarche des moines d'Occident.

Né en 480, il mourut en 543. Sa fête se fait le 21 mars.

1° L'âme du gouvernement, c'est d'aimer chèrement ceux qu'on gouverne et d'en être aussi tendrement aimé.

2° Si vous n'aimez le silence, la solitude, la dévotion et la pureté du cœur, jamais vous ne ferez rien qui vaille au service de Dieu.

3° Le bon abbé doit avoir deux choses : bien dire et bien faire. Pour instruire les bons, suffit la parole ; pour les mauvais, faut l'exemple.

4° Faites tout et ne croyez jamais avoir fait quelque chose ; vous aurez bientôt un cœur selon le cœur de Dieu.

5° Les deux ailes qui vous élèveront au sommet de la perfection, sont l'humilité cordiale et la charité désintéressée.

6° Il ne faut jamais oublier ce beau mot de Jésus-Christ : « Qui ne quitte tout et ne hait son âme, n'est pas digne de moi. »

7° Que tous les moments de la vie sont précieux quand on les emploie purement pour Notre-Seigneur !

MAXIMES

DE SAINTE SCOLASTIQUE

Sœur de saint Benoît. Elle établit un ordre de religieuses selon la règle de son frère.

Elle mourut la même année que lui.

1° Le silence est l'ange gardien de la vraie dévotion et récollection.

2° L'oraison est l'élément du cœur, le propre air d'une bonne âme.

3° Quiconque aime bien le paradis, ne saurait plus rien aimer sur la terre.

4° Qui me donnera des ailes de colombe pour voler au lieu du repos de mon cœur et donner dans le cœur de Jésus, mon époux !

5° Ou il faut parler de Dieu, ou se taire : car, qu'y a-t-il ici-bas qui mérite qu'on en parle ?

6° Hé! si on savait les douceurs et les délices que Dieu cache, et garde à ceux qui le servent, le monde serait trop petit pour comprendre ceux qui le voudraient servir.

7° Un jour bien employé au service de Dieu, vaut mieux qu'un million d'années à conquérir toute la terre.

8° Je ne sais pas ce que Dieu m'a fait; mais je sais bien que je ne saurais plus rien aimer que lui en cette chétive vie.

9° Une œillade que je jette sur le crucifix efface tous les maux que je souffre sur la terre.

10° Plus je regarde ce divin objet, plus il me donne d'amour. Plus je l'embrasse, plus je le chéris, et plus je me cache et adore cette divine plaie, plus je sens mon cœur se dilater de bonheur.

11° Ce m'est un remède à tous mes maux, une vie dans mes langueurs, et un tout dans le tout.

MAXIMES

DE SAINT ODO

Abbé de Cluny.

S'étant retiré de la cour de Guillaume, duc d'Aquitaine, il se fit d'abord chanoine de Saint-Martin de Tours, puis il entra au monastère de Cluny, dont il fut fait abbé, et où il mourut en 942. Sa fête se fait le 18 novembre.

SES PENSÉES

1° Qui veut trouver la porte du paradis ouverte à l'heure de sa mort, qu'il ouvre durant sa vie sa porte aux pauvres de Jésus-Christ.

2° L'homme tout seul, hélas ! c'est peu de chose; mais Dieu et l'homme d'accord ensemble viennent à bout de tout.

3° Dieu et moi, nous ne sommes quasi qu'une chose. Tout le bien que je fais, c'est Dieu qui l'a fait ; tout le mal que je fais, moi seul en suis l'auteur.

4° On s'étonne de ce que je fais (ce dit-on) des miracles : je m'étonne bien plus de ce que l'homme, n'étant qu'un ver de terre, puisse être glorieux.

5° J'ai vu les rois, les papes et toutes les grandeurs de la terre; j'ai vu dans nos cloîtres nos petites simplicités et nos humilités. Hélas! qu'il y a de bruit et de fiel d'un côté, et de fruit et de miel de l'autre !

6° Jamais on ne croirait le plaisir et le contentement qu'il y a à bien faire, sinon quand on le fait. Le cœur seul est témoin de la vraie joie de l'âme et on sent bien et son mal et son bien.

7° Cluny et paradis m'a semblé bien souvent la même chose, et, à la vérité, Cluny est une vraie copie de cet original.

8° Le goût de la solitude, l'amour de la retraite et la pratique fidèle des vertus dans la règle de la religion, c'est un port assuré, un avant-goût de l'éternité.

MAXIMES

DE SAINT ROMUALD

Issu de la maison des ducs de Ravenne, il entra dans l'ordre de Saint-Benoît et, par révélation divine, fonda l'ordre des Camaldules. Il mourut en 1027, âgé de 120 ans. Sa fête se fait le 7 février.

1° La vie des saints me transperce le cœur; voyant ce qu'ils ont fait, voyant ce que je fais, cela me fait mourir et me couvre d'une grande confusion.

2° Ah! Romuald, si vous laissiez faire la grâce de Dieu en votre âme, que ne feriez-vous pas? Misérable, vous voulez faire de vous-même et gâtez tout.

3° Il y a vingt ans que je me prépare à bien mourir, et plus j'y pense, et plus il me semble que je suis indigne de comparaître devant Dieu.

4° On s'étonne que j'aie souffert de grandes calomnies, et des peines d'un crime auquel je ne pensai jamais, hélas! ne faut-il pas endurer ce que Dieu veut qu'on endure? et ne vaut-il pas mieux être innocent et souffrir courageusement, que souffrir par sa faute ?

5° Mes disciples m'ont fort persécuté ; mais oserais-je ouvrir la bouche, quand je vois les apôtres qui ont vendu et renié Jésus-Christ ?

6° J'ai vécu cent ans en religion, et vingt dans le monde. Oh ! que ces cent ans sont courts et que ces vingt ans ont été longs, importuns et misérables !

7° Quand on pense, à bon escient, qu'on ira en paradis, et quand il me souvient de cette échelle d'or que j'ai vue, tous mes maux alors me sont agréables.

8° Paradis est si grand, nos peines si petites, et nos jours si courts, que nous devrions mourir de honte quand nous nous en plaignons.

9° Mieux vaut cent fois avoir Dieu tout seul qu'un million de mondes.

MAXIMES

DE SAINT ÉTIENNE

Fils du vicomte de Tiers.

Il se fit religieux de Saint-Benoît, et fonda l'ordre de Grandmont. Il mourut en 1126, âgé de 80 ans.

1° Que les forêts sont douces et la solitude agréable, puisqu'on y trouve Dieu si aisément?

2° Je ne saurais contenter mon esprit; car, plus il prie Dieu, plus il l'aime, plus il désire de l'aimer. Il consume mon corps et ne s'en fait que rire.

3° Tout le monde voudrait bien aller en Paradis, mais à la charge qu'il ne lui coûtât rien. Jésus-Christ a donné tout son sang, moi, chétif, qu'ai-je fait?

4° Mon Dieu! que le ciel est beau, et que la terre est laide!

Quelle sottise des hommes qui aiment ce qui est méprisable et n'aiment pas une si ravissante beauté !

5° Rien ne m'étonne tant que d'être estimé. Misérable ! les hommes ne me connaissent pas, ni ma misère profonde.

6° On me tance de ce que je reste deux et trois jours sans manger ; mais, qui mange Dieu et les douceurs de Dieu, perd, je vous l'assure, tout l'appétit des viandes de la terre, et tout lui paraît si fort que cela fait soulever le cœur.

7° L'oraison et le jeûne sont les portes qui ouvrent le chemin de la perfection.

AFFECTIONS

DE SAINT BRUNO

Fondateur des Chartreux.

Il naquit en 1030 et mourut en 1101.
Sa fête se fait le 6 octobre.

1° O bonté de Dieu, que vous êtes excessive !

2° Je me suis enfui dans les déserts pour trouver Dieu là où on ne trouve point d'hommes.

3° Hélas ! qui me rendra si heureux que de me prêter les ailes de la colombe pour chercher le lieu de repos ?

4° Si le juste a bien de la peine à gagner le Paradis, hélas ! que deviendra le pécheur ?

5° Il me semble que le monde soit un Purgatoire, et le désert un Paradis.

6° Les nuits dans nos déserts sont claires comme midi, et les nuits de nos solitudes sont pleines des douceurs du ciel.

7° Quand je suis seul, jamais je ne suis seul, Dieu est toujours avec moi.

8° Je reposerai au sein de la paix ; quel doux transport de dormir dans Dieu !

9° Qu'ils sont heureux ceux qui n'ont de maître que Dieu ! leur cœur est plein de joie céleste.

10° Si les hommes ont enduré les tourments avec patience, leur espérance est pleine d'immortalité. Ils auront peu souffert et recevront beaucoup.

MAXIMES

DE SAINT ROBERT

Religieux à l'âge de 15 ans, à Saint-Pierre de Celles, il en devint prieur, puis, patriarche de l'ordre de Citeaux, l'an 1098.

Il mourut âgé de 83 ans. Sa fête se fait le 29 avril.

1° Après que j'ai parlé à Dieu, et qu'il a daigné parler à mon âme, j'avoue que je n'ai plus l'envie de parler, ni de hanter personne.

2° Plus je fuis les honneurs et les prélatures, plus elles courrent après moi.

Tout le monde me veut, tout le monde me chasse ; bien fou qui s'attache à autre qu'à son Dieu.

3° Quand tout est désespéré et que tout le monde conspire contre vous, et même vos proches, croyez-moi : ayez recours aux pieds de Notre-Dame, jetez-vous dans son sein, elle vous tirera de vos peines, mais ne la pressez pas du temps, elle le sait mieux que vous.

4° Jetez votre cœur dans le cœur de Dieu. Fiez-vous en sa bonté plus qu'en vos industries, et infailliblement il vous consolera.

5° J'ai tant d'expérience que jamais Dieu n'abandonne ceux qui se fient à lui, que je n'appréhende plus rien en ce monde, sinon de me défier de mon Dieu.

6° Jamais homme ne fut tant bouleversé que moi, on me veut, on me chasse, on m'évite, on se moque de moi, mais saurais-je mieux faire que de laisser faire Dieu ?

7° On me dit que je me tue de travailler, il me semble que je ne fais rien. Dieu sait la pure vérité ; je suis de son avis, et ne veux être que ce que je suis devant Dieu.

AFFECTIONS

DE SAINT BERNARD

Abbé de Clairvaux

Il fonda 160 monastères de son ordre, mourut l'an 1153, et de son âge le 63e ou 64e. Sa fête est le 20 août.

SES AFFECTIONS

1° Bernard, Bernard, qu'êtes-vous venu faire en cette maison ?

2° Après Dieu, toute ma confiance est en la très sainte Vierge, sa mère.

3° Vanité insolente, je n'ai pas commencé pour l'amour de toi et ne finirai pas non plus.

4° Ah ! cendre orgueilleuse, pourquoi t'enfles-tu ? Le Dieu qui a damné Lucifer t'épargnera-t-il ?

5° Quelle consolation que quasi jamais le moine ne descend en enfer !

6° Mon bien-aimé est toujours collé sur mon cœur comme un bouquet de fleurs.

7° Mon Dieu, qui me fera la grâce que tous les outrages qu'on darde contre vous, retombent sur ma tête.

8° N'est-ce pas une chose horrible que Dieu s'anéantisse, et qu'un ver de terre devienne glorieux ?

9° Je suis un vrai pot cassé, le jouet des hommes, un arbre sec et sans aucun fruit.

10° Grand Dieu, ne vous dois-je pas tout, et plus que tout ? et cependant je vous donne si peu !

11° Oh ! que les hommes sont heureux, qui n'ont que Dieu pour maître ! Quelle joie remplit leur cœur !

12° Toute viande me semble fade, insipide, si elle n'est assaisonnée de l'agréable souvenance de Jésus !

MAXIMES

DE SAINT NORBERT

Fondateur des Prémontrés.

Il mourut en 1034. Sa fête se fait le 6 juin.

1° J'ai été à la cour, j'ai été dans le cloître, j'ai été dans les dignités : il n'y a rien de tel que d'être entièrement à J.-C. et n'aimer que lui.

2° C'est dans les austérités qu'on trouve les torrents de délices. Nul ne les croit qui ne les éprouve.

3° Nous craignons tant le diable ; hélas ! armé de Jésus-Christ, il nous devrait plutôt craindre lui-même. La croix seule le fait fuir au loin.

4° Mille mondes ne valent la paix et le repos d'une bonne conscience et d'un cœur vraimenr religieux.

5° Le cœur et la bourse d'un bon chrétien doivent toujours être ouverts aux pauvres et particulièrement aux honteux.

MAXIMES

DE SAINT GUILLAUME

Converti par saint Bernard.

Il rétablit la vie solitaire des Ermites et mourut en 1165.

Sa fête est le 10 février.

1° J'ai été duc, j'ai été comte, mais, ce qui est bien plus, j'ai été serviteur de Dieu. Que sert-il d'avoir tout le monde, si enfin on perd Dieu ?

2° Hélas ! combien dans les enfers qui ont soupiré à la vie solitaire, souhaité les cilices, mais n'ont rien su faire que d'avoir de bons désirs !

3° Que nos petits travaux sont légers quand on les compare au poids éternel de la gloire que l'on nous prépare au ciel !

4° On croit que j'ai bien de la peine ; mais si on voyait ce que Dieu donne à mon cœur, comme sans cesse il le caresse de ses miséricordes, oh ! que l'on dirait bien vite que tout ce que je souffre est peu de chose au prix de ces douceurs !

5° Souffrons, Guillaume, souffrons ces petits maux pour l'amour de Dieu. Oh ! pour servir le monde, j'en ai bien souffert davantage.

6° On ne goûte pas Dieu parce qu'on goûte trop le monde. Que ne ferait pas un homme s'il avait une bonne fois bien goûté la douceur de Dieu !

7° Ah ! que c'est peu d'un cœur pour aimer ce grand Dieu, digne d'être aimé d'un million de cœurs, ou d'un cœur aussi grand que tout l'univers !

8° Dieu nous fait bien des biens et nous permet bien des maux ; mais tout bien balancé, les maux qu'il nous envoie nous sont plus des biens que les biens mêmes, lorsque cela est bien ménagé.

9° La vraie occupation d'un serviteur de Dieu est d'épurer son cœur, corriger ses défauts, demander pardon à Dieu du passé, mieux vivre à l'avenir, et enfin, arracher et détruire toutes les mauvaises racines de notre cœur.

AFFECTIONS

DE SAINT JEAN DE MATHA

Fondateur de l'ordre de la Trinité et Rédemption des captifs.

Naquit en 1164 et mourut en 1213.
Sa fête se fait le 8 février.

1° Grand Dieu ! que voulez-vous que je fasse, car je suis tout à vous ?

2° Ah ! que la vie est longue, et mon pèlerinage ! mon Dieu, quand irai-je vous voir ?

3° O Dieu ! que je serais obligé à qui me voudrait mettre au chemin du Paradis !

4° N'aimer rien en ce monde, et trouver Dieu partout, ce sont les souhaits de mon âme.

5° Ne pourrai-je point un jour me vendre pour racheter quelque pauvre captif?

6° Je ne crains rien que Dieu, mais je le crains si amoureusement que j'aimerais mille fois mieux mourir que de faire de sang-froid un péché véniel.

AXIOMES

DE SAINT DOMINIQUE

Fondateur de l'ordre des Frères Prêcheurs.

Il naquit en l'an 1170 et mourut en 1221.

Sa fête se fait le 4 août.

1° Il faut faire ce que Dieu veut et ne pas s'amuser aux discours des hommes.

2° Quiconque a quitté le monde de bonne heure pour servir Dieu, ne craint point de quitter la vie et va au-devant de la mort.

3° La négligence fondée sur la confiance de votre vertu, est la pire de toutes les tentations.

4° Le moins qu'on participe aux choses de la terre, c'est le meilleur pour nous.

5° Pour être bien savant et en bref, il ne faut étudier que dans le livre de la charité et dans les cinq plaies de Jésus-Christ.

6° Aimez bien la pauvreté et la vraie humilité, puis, ne craignez rien en ce monde.

7° Une grande marque d'être serviteur de Dieu, c'est d'aimer les serviteurs de Dieu et les hanter souvent.

8° Oh ! que c'est une chose précieuse que la virginité et la pureté ! mais il faut bien du soin pour les conserver.

9° Qui saurait bien être maître de ses passions, serait maître de l'univers. Il faut, ou les gourmander, ou être gourmandé d'elles.

Il vaut mieux être le marteau que l'enclume.

10° N'aimer rien en ce monde et trouver Dieu partout, ce sont les souhaits d'une bonne âme.

PENSÉES SÉRAPHIQUES

DE SAINT FRANÇOIS D'ASSISE

Grand Patriarche de l'ordre des Frères Mineurs.

Il naquit en 1182 et mourut en 1226.

Sa fête se fait le 4 octobre.

1° Quand tout manque, dites du profond du cœur : Notre Père qui êtes au ciel.

2° Jetez vos pensées en Dieu et mettez vos cœurs dans son sein, et il vous nourrira délicieusement.

3° Je ne sais ni aimer Dieu, ni rien lui dire qui me contente. Verbe éternel, et vous divin Esprit, dites au Père Éternel ce qu'il faut qu'on lui dise ; aimez-le pour vous et pour moi, car, c'est ce que je voudrais bien faire, mais ne le saurais.

4° Un vrai supérieur est comme un blanc où tout le monde tire ;

Il est une victime qu'on immole tous les jours, et c'est le serviteur de toute la communauté.

5° Jamais vous ne sauriez commander, que vous ne sachiez obéir; gouvernez les autres comme vous voudriez être gouverné vous-même.

6° Vous ne serez jamais triste si vous vous souvenez que Dieu est votre Père, Jésus-Christ votre frère, le Saint-Esprit votre gouverneur, et Notre-Dame, votre bonne mère.

7° Quand tout est perdu et que vous avez bien de la peine, ayez toujours au cœur ces paroles : « Pour ce peu de peine on nous prépare le royaume des cieux.

8° N'attendez pas de faire rien qui vaille si vous n'aimez d'être enfant d'oraison. A mesure que vous l'aimerez, Dieu bénira ce que vous ferez.

9° Qui pèse bien ce que Jésus-Christ a fait pour nous et ce qu'il a souffert, peut-il se plaindre en ce monde, souffrirait-il même les peines du Purgatoire ?

10° Une bonne âme ne doit se glorifier qu'en la croix de son Seigneur, en sa pauvreté, en son humilité, en sa patience et en sa charité envers les hommes.

BELLES PAROLES

DE SAINTE CLAIRE

Fondatrice des filles de Saint-François.

Elle a été 24 ans abbesse, 28 ans malade, et canonisée deux ans après sa mort qui arriva en 1253. Sa fête se fait le 11 août.

1° Voyant Jésus-Christ pendu sur une croix et tout couvert de sang, oserions-nous bien nous plaindre ?

2° Que faisons-nous en tout ce que nous faisons qui soit digne de Dieu ?

3° Mon cœur aime si fortement et si tendrement Jésus, son maître, qu'il ne s'aime quasi plus lui-même.

4° Je ne sais que peut aimer une âme si elle n'aime Dieu ; et je ne sais comment il est possible de vivre sans Dieu.

5° On nous dit que nous sommes pauvres ; mais un cœur qui possède Dieu, peut-il bien être pauvre ?

6° Depuis mon instruction par le serviteur de Dieu, François, jamais je n'ai trouvé difficulté ni peine en chose de ce monde.

7° Dieu a caché tant de saintes délices parmi les clous et les épines que, vraiment, quiconque a goûté une bonne fois ces douceurs, ne sent plus ni les clous ni la croix.

8° Mes plus chères délices sont de m'approcher souvent du très saint Sacrement.

9° Que la nuit est courte quand on la passe à méditer la Passion de Notre-Seigneur!

10° Aimons-nous les uns les autres, de peur que l'œuvre de notre rédemption (que Jésus a tant aimée et si chèrement achetée) ne soit inutile par notre faute.

MAXIMES

DE SAINT CYRIAQUE

Evêque d'Ancône.

Martyrisé en 365.

1° Puisqu'on ne peut servir Jésus-Christ en sa personne, peut-on mieux employer sa vie qu'à le servir en ses bons serviteurs ?

2° Quiconque aime son âme, la perdra. Oh ! que cela est aisé à dire, mais malaisé à pratiquer en ce monde !

3° Au jour du jugement, Dieu demandera si on a fait l'aumône; quelle joie pour ceux qui l'auront pratiquée en leur vie !

4° Si Dieu a donné pour nous son sang précieux, est-ce si grand cas si nous lui rendons le nôtre qui lui a coûté si cher ?

5° O mon cher Paradis! hé! que vous êtes beau! qui aime le paradis, peut-il encore aimer quelque chose en l'enfer de ce monde?

6° O Paradis, demeure des bienheureux, séjour de la gloire, que j'ai bien eu raison de quitter tout pour toi, puisque tu renfermes tous les trésors et comprends toutes les beautés imaginables! Que tes portes me charment! Quand sera-ce que Dieu me fera la faveur de détacher mon âme pour me mettre en possession de ce bien éternel?

7° L'oraison est un pain céleste; mettez vos soins pour la bien faire.

MAXIMES

DE SAINT ALBERT

Religieux de Notre-Dame du Mont-Carmel.

Il mourut en 1292.

1° La vraie occupation du chrétien, c'est d'épurer son cœur et en arracher les mauvaises racines.

2° Qui saurait aimer et servir Notre-Dame comme elle le mérite porterait dans son sein un grand trésor de grâces.

3° Si vous n'êtes pas un grand saint, ne vous en prenez pas à Dieu, mais à l'infidélité de votre cœur qui dérobe sa gloire pour se l'attribuer:

4° Je m'étonne qu'on puisse croire que Dieu est Dieu, et qu'avec cette croyance on le serve si mal.

5° Ne regardez pas ce que vous faites, mais le bien que vous devriez et pourriez faire, vous laissant conduire à Notre-Seigneur.

MAXIMES

DE SAINT PIERRE CÉLESTIN

D'abord religieux, il institua, sous la règle de saint Benoît, l'ordre des Célestins. Elevé plus tard sur la chaire de saint Pierre, il ne tarda pas à regretter sa chère solitude, reprit son premier genre de vie et s'endormit doucement dans le Seigneur en 1296.

Sa fête se fait le 19 mai.

1° La paix du cœur vaut mieux que toutes les couronnes de la terre.

2° Un jour passé dans le palais de la solitude vaut mieux que mille ans dans la cour des puissances du monde.

3° Un homme fait pour le ciel peut-il goûter les douces amertumes de la terre ? C'est à choisir : Prenez les dernières, vous perdrez les premières.

4° Ce peu de mal que nos corps souffrent ici-bas, qu'est-ce que cela à côté des biens éternels qu'on prépare à nos âmes ?

5° Dans le tintamarre du monde on n'entend pas la voix de Dieu : il faut le silence et la solitude pour conférer cordialement avec lui,

6° On admire que j'aie quitté la papauté, et moi j'admire ma simplicité de l'avoir acceptée.

7° Ne vous serrez jamais le cœur ; car tandis que vous aurez un peu de bonne volonté, Dieu vous fera miséricorde.

8° Qui veut persévérer dans le bien doit demander cette belle vertu de la persévérance à notre bon Dieu.

PENSÉES PRÉCIEUSES

DE SAINT NICOLAS DE TOLENTIN

Grand personnage dans l'ordre des religieux de Saint-Augustin.

Il eut, six mois avant, révélation du jour et de l'heure de sa mort, qui arriva en 1306. Sa fête se fait le 10 septembre.

1° Tout le monde me dit que je ne mange rien, qu'on ne sait de quoi je vis ; mais qui mange Dieu n'est-il pas bien traité ?

2° Plus on a de peine au service de Dieu, plus on en désire. Lorsqu'on voit Jésus-Christ tout trempé de son sang, je ne sais quelle peine pourrait être peine.

3° Le jour où j'entrai en religion, il me sembla vraiment que j'entrais dans le ciel.

4° Je suis étonné que mon âme ne m'échappe, voyant l'ardeur incroyable qu'elle a d'être unie à son Dieu.

5° Est-il possible qu'un homme qui sert Dieu pour Dieu, puisse être mélancolique en ce monde ?

6° Je n'aime la vie que parce qu'elle me conduit vitement à la mort, et qu'en ce peu de temps je puis gagner l'éternité.

7° Je me suis retiré du monde pour en ôter mon espérance et la mettre en Dieu seul ; et il vaut mieux se confier en sa bonté qu'en la puissance des princes.

SENTENCES

DE SAINT LAURENT JUSTINIEN

Premier Patriarche de Venise, il réforma l'ordre des Chanoines réguliers de Saint-Georges en Alga.

Il naquit environ l'an 1380 et mourut en 1455.

1° La vraie science ne consiste qu'en deux points : savoir, que Dieu est tout et que l'homme n'est rien.

2° Dieu cache l'excellence de la religion aux hommes, autrement tout l'univers ne serait qu'un couvent.

3° Qui pense garder la virginité parmi les délices, il veut garder la glace dans le feu et un lis dans la pourriture.

4° L'humilité est malade dans le temps de la prospérité; mais dans l'adversité, elle se nourrit, s'engraisse et prend embonpoint.

5° Les vrais trésors du cœur sont Jésus et Marie et l'humilité fort profonde.

SENTENCES

DU BIENHEUREUX JEAN COLOMBAN

Gentilhomme siennois.

Il fonda, après sa conversion, l'ordre des Frères Jésuates et mourut en 1367.

Sa fête se fait le 31 juillet.

1° Qui veut imiter Jésus-Christ, doit faire, puis dire, et plus faire que dire.

2° On trouve assez de gens qui disent d'or, mais bien peu qui fassent ce qu'ils disent.

3° Le paradis se gagne et non pas en disant seulement. Qui dit mieux qu'il ne fait se condamne lui-même.

4° Que ne ferait-on pas au pauvre, si l'on savait que c'est Jésus-Christ en lui ? Mais, vraiment, il l'est, ou bien il est son vicaire en terre.

5° Je ne crains rien que Dieu, et le crains très amoureusement.

6° Il faut travailler par amour et craindre les jugements de Dieu, mais aussi, espérer toujours en sa miséricorde.

MAXIMES

DE TOBIE

Fondateur des Frères alexiens.

1° L'amour est fort comme la mort, et même mille fois plus fort que la mort.

2° Qui aime bien la vie éternelle, jamais ne craint la mort momentanée.

3° Hélas ! quelle consolation sera-ce, au jour du jugement, d'entendre cette voix : « Venez, mes chers amis, le paradis est à vous, puisque vous avez eu soin de moi quand j'étais malade. »

4° La charité souffre tout, porte tout, croit tout, espère tout et est tout à toutes les personnes.

5° Tous les jours de ta vie aie Dieu présent en ta pensée et te garde de consentir jamais au péché.

LES LUMIÈRES

DE SAINTE BRIGITTE

Veuve très noble et grandement favorisée de Dieu.

Elle mourut en 1571, âgée de 70 ans.
Sa fête se fait le 8 octobre.

1° Tout le trésor de mon cœur, c'est Jésus-Christ crucifié et Marie.

2° Quelque révélation que Dieu me donne, jamais je ne ferai rien sans le conseil de mon confesseur.

3° Mon Dieu ! que la créature est forte quand elle met toute sa force en vous !

4° Quand je vois les faveurs excessives que Dieu me fait d'un côté, et de l'autre lorsque je vois mes misères, je ne sais où j'en suis.

5° Alors que je pense que c'est Dieu qui me guide et sa très sainte Mère, j'ai un cœur plus grand que l'univers.

6° Dieu a mis tant d'ardeur en mon âme, que je sens plus aucune incommodité au dehors.

7° Peut-on craindre la mort quand on aime bien la vie éternelle ? Qui craint bien Dieu, ne doit dès lors rien craindre.

8° Vivre et mourir est fort indifférent à un bon cœur, mais il vaut mieux mille fois bien mourir une fois que toujours mal vivre.

9° Toute la science du vrai chrétien doit être Jésus crucifié, et tirer le baume de ses sacrées plaies pour en adoucir nos douleurs et nos amertumes.

MAXIMES

DE SAINT FRANÇOIS DE PAULE

Fondateur de l'ordre des Minimes.

Il naquit en Calabre en 1416, alla au désert à l'âge de 13 ans, établit son ordre l'an 1472 et mourut en 1491.

Sa fête est le 2 avril.

1° Soyez toujours le dernier de tous, mais soyez-le de bouche, de cœur et de fait.

2° Autant aurez-vous de vertu que vous aurez d'humilité.

3° Quand on aurait fait un monde de miracles, que servira cela si on n'a de l'humilité ?

4° O que Dieu est grand, et que l'homme est petit ! mais puisque Dieu s'est fait petit, où se mettra l'homme ?

5° On demande des secrets pour s'avancer à la perfection; je n'en sais point d'autre à savoir : d'aimer Dieu de tout son cœur et le prochain comme soi-même.

AFFECTIONS

de la

BIENHEUREUSE JEANNE DE FRANCE

Fille de Louis XI,
sœur de Charles VIII et princesse de Berry.

Elle fonda une religion de Filles de la Vierge, qu'elle nomma les dix vertus de Notre-Dame, qui fut approuvée par Alexandre VI.

1° La cour sent si mauvais et le ciel sent si bon que la religion m'est un paradis.

2° Les malheurs de ma vie me sont si précieux que je les tiens comme une cause des bonheurs de ma vie.

3° Notre-Dame a si fort gagné tout mon amour, que je ne saurais plus aimer que Dieu et sa très sainte Mère.

4° Jamais mon cœur n'est content de l'amour qu'il porte à Notre-Dame ; et si

Dieu ne nous aide, je crains de mourir du désir d'aimer Marie.

5° Les dix plaisirs de ma bonne maîtresse et les dix vertus les plus éminentes sont le savoureux décalogue de mon cœur.

6° Dans la cour, j'ai été battue sans cesse par les orages ; dans la maison de Dieu, je ne sais ce que c'est que le malheur.

7° Jésus, Marie, Joseph doivent être les trois miroirs qu'on doit avoir toujours devant les yeux pour imiter leurs actions divines et implorer leur assistance.

8° Lorsque je pense à ce que j'ai quitté pour servir mon Dieu, ce n'est rien à l'égal des biens que j ai trouvés à son service.

MAXIMES

DE SAINT IGNACE DE LOYOLA

Saint Ignace, noble d'origine, soldat de profession, qui, lisant la Vie des Saints, se donna à Dieu, fonda la religion des Pères Jésuites, sous le nom de Compagnie de Jésus.

Il mourut en 1556. Sa fête est le 31 juillet.

1° O que le ciel est beau, et que la terre me paraît vile ! Quand je vois ces belles voûtes d'or, je ne saurais rien aimer ici-bas.

2° Que le monde est petit à qui a grand cœur ! Quand j'aurais converti tout cela, que serait-ce au prix de ce que je voudrais faire ?

3° Lorsque l'amour presse un cœur, rien ne le peut plus presser, et rien ne lui semble impossible, ni même difficile.

4° Je suis si amoureux de la gloire de Dieu, et de sa plus grande gloire, que je sacrifierais volontiers mille vies.

5° Ce qui me crève le cœur, c'est qu'il me semble que je ne fais rien pour Dieu, et cependant je lui ai des obligations infinies.

6° Quand je pense qui j'ai été, qui je suis et qui je serai, certainement mon cœur fond en larmes.

7° Que j'aime d'amour ce beau mot d'or de saint Paul : « Qui n'aime point Jésus, maudit soit-il et soit anathème ! »

8° L'obéissance est la marque d'un vrai et parfait Jésuite.

9° Quiconque veut parfaitement obéir, doit se laisser manier comme le bâton d'un vieillard, ou comme une boule qu'on remue à volonté.

MAXIMES

DE PAUL IV, PAPE

Il a fondé l'ordre des Théatins l'an 1528 et est mort âgé de 83 ans.

1° C'est une belle chose d'aimer ses neveux et son sang ; mais c'est une bien plus belle chose d'aimer Dieu, le salut de son âme et le très précieux sang de Jésus-Christ.

2° J'ai été quatre ans Pape, j'ai été Théatin, j'ai été tout, j'ai été rien, mais mon cœur sait bien où il a trouvé son repos et ses assurances.

3° Dieu, que les grandeurs du monde sont petites, et que les petites choses de Dieu sont grandes ! Que les joies de la terre sont courtes et minces ! et que celles du ciel sont solides et toutes ravissantes !

4° Grand Dieu ! qu'Isaïe dit vrai : que toute chair et tout homme n'est qu'une poignée de foin flétri. En vérité, toute ma papauté ne m'a semblé que de la paille et un feu de paille aussitôt éteint qu'il a quasi été allumé.

5° Les fous ne cherchent que les biens de ce monde et le ciel par nécessité ; mais les sages ne cherchent que le ciel, et par nécessité les choses de la terre.

6° Les 83 ans de ma vie et les quatre ans de ma papauté et quatre moments me semblent tous la même chose. Ah ! que la vie est courte et que l'éternité est longue ! Et on n'y pense pas.

MAXIMES

DE SAINTE THÉRÈSE

Fondatrice de l'ordre des Carmélites déchaussées. Religieuse à vingt ans, elle bâtit 17 couvents de filles.

Elle mourut en 1582 après 47 ans de religion.

Sa fête est le 15 octobre.

1° O que le monde est amer ! que ses plaisirs sont insipides à celui qui a goûté les douceurs de Jésus !

2° Cette vie n'est heureuse qu'à celui qui désire la quitter bientôt.

3° Le serviteur de Dieu ne doit pas plus craindre les diables que les mouches.

4° On peut se tromper en faisant sa propre volonté, mais en obéissant, jamais.

5° Pourvu que Dieu soit honoré de nos souffrances, nous devons désirer qu'elles durent jusqu'à la fin de nos jours.

6° Mes plus douces pensées sont de me perdre dans les miséricordes de mon Dieu, que je chanterai à jamais.

7° Mes plus ardents désirs sont de mourir ou de souffrir.

8° Aux choses de la Foi, je me sens si forte que je m'opposerais à tous les Luthériens pour leur faire apercevoir leur erreur.

9° C'est une grande peine à une âme spirituelle quand il faut manger.

10° Le plus puissant moyen de surmonter le diable et les vices, c'est la joie cordiale et la présence de Dieu.

AVIS

DU B. P. JEAN DE LA CROIX

Premier carme déchaussé et coadjuteur de sainte Thérèse en la réforme de N.-D. du Mont-Carmel.

Il mourut le 12 décembre 1591.

1° Efforcez-vous de nourrir une forte affection d'imiter Jésus-Christ en toutes choses, et comportez-vous en tout comme il ferait lui-même.

2° Renoncez à toutes les douceurs qui se présenteront aux sens, puisque Notre-Seigneur ne voulut avoir, durant sa vie, d'autre plaisir que celui de faire en tout la volonté de son Père.

3° Accoutumez-vous à travailler, à souffrir, à vous taire et vous vivrez en paix.

4° Celui qui vit sans directeur, ressemble

à un charbon séparé, lequel perd sa chaleur au lieu de l'accroître.

5° Sachez que la perfection ne consiste pas dans les vertus que l'âme connaît en soi ; mais en celles que Dieu connaît en elle.

6° Ne regardez point les défauts d'autrui, gardez le silence, communiquez beaucoup avec Dieu ; avec ces trois choses, vous serez bientôt parfait.

7° Ne laissez jamais de faire de bonnes œuvres par le manque de ferveur sensible.

8° Dieu requiert de vous plutôt le moindre degré de pureté de conscience que toute autre œuvre bonne et même éclatante aux yeux du monde.

9° En vos nécessités servez-vous de l'espérance en Dieu, plus qu'en toutes les diligences humaines, et croyez que vous obtiendrez autant que vous espérerez.

10° Si vous voulez avoir Dieu en toutes choses, n'ayez rien en toutes choses, car comment le cœur qui est à quelqu'un peut-il être tout à un autre ?

AXIOMES

DE SAINT JEAN DE DIEU

Il naquit en 1495, fonda l'ordre des Frères de la Charité et mourut en 1550.

1° Doux Jésus, que vos épines soient mes roses et vos souffrances mon Paradis !

2° A ceux qui l'injuriaient, il répondait : « Je vous donnerai deux réales, à condition que vous irez répéter tout cela au milieu de la place, et je vous en supplie. »

3° Il disait à ses ennemis : « Mon frère, tôt ou tard, il faut que je vous pardonne ; il vaut mieux que je vous pardonne maintenant. »

4° Espérons en Celui qui ne désespère personne et qui ramène les désespérés.

5° O que Dieu me fait de bien, et que je lui fais peu de service !

6° Faisons du bien aux pauvres, puisque le doux Jésus tient cela fait pour lui.

MAXIMES

DE SAINT PHILIPPE DE NÉRI

Fondateur de la congrégation de l'Oratoire.

Né en 1515, il mourut en 1595. Sa fête est le 21 mai.

1° Dieu qui est si aimable et qui nous a tant recommandé de l'aimer, pourquoi ne nous a-t-il donné qu'un seul cœur et encore si petit ?

2° Si on laissait faire Dieu et sa grâce en nos âmes, oh ! que ne ferait pas un homme en ce monde ?

3° Ce m'est une joie ineffable de croire que Notre-Dame m'aime et qu'elle daigne agréer mes petits services.

4° Manger tous les jours Dieu, et ne pas vivre de Dieu et selon les lois de son saint amour, est une chose horrible.

AFFECTIONS

DU VÉNÉRABLE LOUIS DE BLOIS

Il naquit en 1506 et mourut en 1565.

1° La seule et solide consolation en ce monde pour un bon cœur, est l'espérance de voir un jour Dieu.

2° Qui veut être le roi des cœurs, doit être plein de douceur. Tout est possible à la bénignité.

3° Je tiens un cœur bien malheureux qui n'aime point Jésus et Marie, ou qui aime quelque chose en dehors de Jésus et de sa sainte Mère.

4° Mes plus douces pensées sont de me perdre dans les miséricordes de mon Dieu et de me cacher dans les plaies de Jésus.

5° J'ai tant de bons désirs, tant de bons propos ! mais ce qui me donne grande peine, c'est que la vie m'échappe et que je perds tant d'occasions de bien servir mon Dieu.

AVIS SPIRITUELS

DE SAINTE MADELEINE DE PAZZI

A ses religieuses.

1° Mettez-vous en état de pouvoir dire ces paroles avec saint Paul : « Le monde m'est crucifié et je suis crucifié au monde. »

2° Abandonnez-vous si bien entre les mains des Supérieurs, qu'ils puissent faire de vous ce qu'ils voudront.

3° Croyez que vous avez perdu le jour dans lequel vous n'avez pas vaincu votre propre volonté.

4° Réjouissez-vous plutôt de manquer du nécessaire que d'avoir de plus, car il ne convient point au vœu de pauvreté d'avoir plus qu'il ne faut.

5° Aimez l'éloignement du siècle et abhorrez les visites des gens du monde.

6° Estimez vos vœux comme chose divine, comme le prix du Paradis.

7° Adonnez-vous à l'oraison, d'autant que c'est là qu'on traite avec Dieu.

8° Lorsqu'il s'agit de servir le prochain, n'épargnez pas votre corps. Ce corps est un ânon qui doit porter la charge, jour et nuit, sans aucun repos.

9° Dans la conversation soyez joyeuse, douce, humble, patiente, prudente, et parlez plutôt moins que trop.

10° Dans vos actions soyez entièrement résignée à la volonté de votre supérieure sans craindre la peine ni faire état de votre corps.

11° Dans les offices qui vous seront donnés par la Religion, comportez-vous avec humilité, prudence et diligence, mais surtout avec charité, affabilité et dépendance de vos supérieurs.

12° Soyez fort circonspecte en vos paroles ; ne parlez de vous ni en bien ni en mal.

13° Vous ne pouvez vivre et persévérer dans le service de Dieu si vous ne mourez à vous-même et à votre propre intérêt et commodité.

14° Les prudents dans le monde cachent leurs trésors, et vous, cachez au fond de votre cœur vos bonnes œuvres.

15° Au milieu des souffrances soyez joyeuse et contente, pensant que c'est la voie royale qui mène au ciel.

19° Prenez tout ce qui vous vient de la main de Dieu, soit la maladie ou autre chose, croyant pour lors qu'il veut cela de vous.

17° La présence de Dieu est le grand moyen de se corriger de ses défauts et d'avancer à grands pas dans la vertu.

18° N'estimez jamais un petit mal ce qui peut vous désunir de Dieu.

19° Tâchez d'imiter Jésus-Christ, et vous affectionner à ces deux vertus : la douceur et l'humilité.

20° L'exercice d'une âme, ici-bas, est d'aimer Dieu et se haïr soi-même. C'est en cela que consiste toute la perfection.

21° Aimer et souffrir, souffrir et aimer : ces deux choses vont ensemble : l'amour fait que nous souffrons, et nous souffrons parce que nous aimons.

AFFECTIONS

DE SAINTE ROSE DE LIMA

Elle naquit le 20 avril 1587 et mourut le 24 août 1617.
Sa fête est le 30 août.

1° Notre-Seigneur Jésus-Christ apparaissant un jour à la sainte, lui dit : « Rose de mon cœur, je te prends pour mon épouse. » Et elle lui répondit : « Seigneur, je suis votre servante, trop honorée d'être votre esclave, et je porte au fond de mon âme les caractères ineffaçables d'une servitude nécessaire, qui me rendent indigne de la qualité glorieuse de votre épouse. »

2° « O bon Jésus (disait-elle dans ses souffrances), augmentez mes douleurs, mais, en même temps, augmentez en moi votre divin amour. »

3° En priant pour ses ennemis, elle baisait le crucifix, disant avec tendresse : « Père, pardonnez-leur. »

4° Elle avait souvent à la bouche ces mots : Jésus soit avec moi ! Elle mourut après les avoir répétés deux fois.

SAINT FRANÇOIS DE SALES

RECUEIL DE SES PLUS BELLES MAXIMES

Sur le parfait devoir du chrétien.

ENVERS DIEU

1° Il ne faut jamais parler de Dieu, ni des choses qui regardent son service, comme par manière d'acquit, d'entretien, mais toujours avec un grand respect et humble sentiment.

2° On demande des secrets pour avancer dans la perfection ; je n'en sais point d'autre, à savoir : d'aimer Dieu de tout son cœur et le prochain comme soi-même.

3° A qui Dieu est tout, le monde ne doit être rien.

4° Il faut craindre les jugements de Dieu sans découragement, et il se faut encourager sans présomption.

5° Le moyen d'être simple est de tenir son cœur proche de Dieu, qui est un esprit très simple.

6° Tenez votre vue ramassée en Dieu et en vous. Vous ne verrez jamais Dieu sans bonté, ni vous sans misère.

7° Il ne faut en ses actions regarder que ce que Dieu veut ; et le reconnaissant, s'essayer de le faire joyeusement, ou au moins courageusement ; et non seulement cela, mais il faut aimer cette volonté de Dieu.

8° Ne regardez jamais à la substance des choses, mais à l'honneur qu'elle ont d'être agréables à Dieu.

9° Soyons ce que Dieu veut, pourvu que nous soyons siens, et ne soyons pas ce que nous voulons contre sa volonté.

10° Je suis et serai et veux être à jamais à la merci de la Providence de Dieu sans que je veuille que ma volonté y tienne rang que comme suivante.

11° Dieu ne se plaît que dans les cœurs approfondis par l'humilité, avilis par simplicité et élargis par charité.

12° Je n'aime point qu'on dise : il faut faire ceci ou cela, parce qu'il y a plus de mérite ; il faut tout faire pour la gloire de Dieu.

13° En l'exercice des tentations, il ne se faut pas effaroucher, mais demeurer en vue gaie et douce résignation à la volonté de Dieu.

14° Le grand profit de l'âme en la vertu, ne consiste pas à beaucoup penser à Dieu, mais à le beaucoup aimer.

15° Considérez souvent que Dieu vous regarde de son œil d'amour parmi vos plus grandes incommodités, pour voir comme vous vous y comportez à son gré. Faites donc joliment la pratique de son amour en ces occasions.

16° L'homme qui s'abandonne à Dieu entièrement, est capable de mille bonnes œuvres ; et moyennant qu'il soit fidèle à lui en rendre l'honneur, il n'est pas croyable ce que Dieu fait pour lui.

17° Il faut, une fois pour toutes, mettre sous les pieds ce malheureux : « On dira, on fera, on se moquera », car tout cela est du poison ; mais il faut regarder ce que Dieu dira et ses anges, et s'en contenter.

18° Indifférent à tous événements, puisqu'ils conduisent tous à Dieu, vivez sans inquiétude, c'est-à-dire, sans crainte, car, dit saint Augustin, « la perfection ne convoite rien ».

ENVERS LE PROCHAIN

1° L'âme de notre prochain est l'arbre du bien et du mal. Il est défendu d'y toucher pour en juger sous peine d'être châtié, parce que Dieu s'en est réservé le jugement.

2° C'est une injustice spirituelle de vouloir savoir l'intérieur d'autrui et ne vouloir rien dire du nôtre.

3° Regardons notre prochain d'un œil simple et affectueux, sans éplucher ce qu'il fait, ni ce qu'il deviendra.

4° Faisons comme les abeilles; suçons le miel de toutes les fleurs; c'est-à-dire, voyant les belles qualités de notre prochain, tâchons de les imiter.

5° Si nous lui connaissons quelques défauts, compatissons charitablement et désirons ardemment qu'il s'en corrige.

6° Il faut que l'amitié qu'on porte au prochain soit fondée sur le solide fondement de la charité. Elle sera bien plus ferme et constante que celle qui a son fondement en la chair, en le sang et le respect humain.

7° Il faut nous aimer les uns les autres ici-bas, comme on s'aimera au ciel.

8° Les païens aiment ceux qui les aiment, mais les chrétiens doivent exercer leur amitié à l'endroit de ceux qui ne les aiment pas.

9° Nous ne devons pas aimer notre prochain par inclination, ou parce qu'il est vertueux, mais surtout parce que telle est la volonté de Dieu.

10° Le support des imperfections du pro-

chain est un des principaux points de l'amour que nous lui devons.

11° Notre-Seigneur, répandant son sang en la croix, a fait un ciment sacré, duquel il a voulu cimenter, unir, conjoindre et attacher toutes les pierres de son Eglise (qui sont les fidèles) les unes avec les autres.

12° Celui qui préviendra le prochain en bénédictions de douceur, sera le plus parfait imitateur de notre Sauveur.

13° Jamais je ne me séparerai de mon Dieu si bon et si aimable, et servirai toujours mon prochain en lui et pour lui.

14° Mes bien-aimés, aimons-nous les uns les autres en charité ; et quiconque aime, est aimé de Dieu.

ENVERS SOI-MÊME

1° Celui qui mortifie davantage ses inclinations naturelles, attire davantage les inspirations surnaturelles.

2° Pour donner un bon maintien à notre âme, il faut lui commander de faire toujours ses actions en la présence de Notre-Seigneur.

3° Il faut vivre en ce monde comme si nous avions l'esprit au ciel et le corps au tombeau.

4° Si quelqu'un veut être content en sa médiocrité, qu'il ne considère pas ceux qui ont plus, mais seulement ceux qui ont moins que lui.

5° Quand on a commis quelque faute, il se faut humilier devant Dieu, se relever à l'instant, et n'y penser qu'en lui confessant son péché.

6° Celui qui est vraiment humble, ne pense jamais qu'on lui fasse tort.

7° Nous ne devons pas nous dépouiller de nous-mêmes afin de demeurer nus, mais afin de nous revêtir de J.-Christ crucifié.

8° Il nous faut bien reconnaître notre néant, mais il ne faut pas y demeurer ; car nous ne devons jamais nous anéantir, sinon pour nous unir à notre tout qui est Dieu.

9° Il ne faut jamais estimer de soi selon le jugement des hommes, d'autant que pour l'ordinaire il est flatteur.

10° Ne regardez jamais vos croix qu'à travers la croix du divin Sauveur. Vous les trouverez si douces, ou du moins si agréables, que vous en aimerez plus la souffrance que la jouissance de tous les plaisirs du monde.

11° Quand il arrive quelque notable difficulté, ne remuez rien que vous n'ayez premièrement regardé l'éternité, et que vous ne vous soyez mis en l'indifférence.

12° En la maison du juste tout y travaille, il n'y a rien d'inutile ni de paresseux.

13° Les tentations, quelles qu'elles soient, nous troublent, parce que nous y pensons trop et que nous les craignons trop ; les tentations ne sauraient troubler un esprit qui ne les aime pas.

14° Soyez bien aise que le monde ne tienne compte de vous ; s'il vous estime, moquez-vous-en joyeusement et riez de son jugement et de votre misère. S'il ne vous estime pas, consolez-vous joyeusement aussi.

15° Il faut haïr nos défauts, mais d'une

haine tranquille et quiète, non point d'une haine défectueuse et troublée.

16° Regardez souvent à la durée de l'éternité, et vous ne vous troublerez point des accidents de la vie de cette mortalité.

17° O que cette vie est trompeuse et que ses consolations sont courtes ! Elles paraissent en un moment, et un autre moment les emporte ; et si ce n'était la sainte éternité où nous aspirons, nous aurions sujet de nous plaindre du malheur de notre condition humaine.

18° Il ne faut rien demander, et ne rien refuser ; c'est-à-dire, être prêt et indifférent à toutes choses, et ne s'attacher point à ses propres pensées, quelque saintes qu'elles puissent sembler à notre amour-propre.

19° Toute dévotion est fausse qui est incompatible avec notre profession.

20° Ne faites rien par humeur, même les actions qui seraient les plus saintes, mais faites-les seulement pour plaire à Dieu.

DÉVOTION

AU SACRÉ CŒUR DE JÉSUS

Nous ne nous étendrons pas ici sur la nature de la dévotion au Sacré Cœur de Jésus, encore moins chercherons-nous à en prouver la raison et la légitimité, parfaitement démontrées dans d'excellents ouvrages (1) ; nous voulons seulement faire ressortir l'opportunité et la nécessité de cette dévotion en nos temps si troublés, tant pour le relèvement et le bonheur de la France, que pour la force, le courage et la consolation que nos âmes puiseront

(1) *Notions doctrinales sur la dévotion au S. C. de Jésus*, par le R. P. Francioni. — *Le Cœur de Jésus ouvert au cœur du chrétien*, par le R. P. Borgo. — *Le Manuel de la Triple Couronne d'Or du S. C.* (chez Emm. Vitte, 3, place Bellecour, Lyon).

dans le Cœur adorable de Jésus, au milieu de la tourmente révolutionnaire que nous traversons. Nous ne nous appuyerons, d'ailleurs, que sur son témoignage, sur son ardent désir que nous nous donnions à lui, comme il s'est donné et continue à se donner à nous, afin de nous faire vivre de sa propre vie, de sa vie d'amour, dans l'amitié de son Père.

Ecoutons-le donc s'adressant à sa bien-aimée servante, la bienheureuse Marguerite-Marie Alacoque :

« Voici ce cœur qui a tant aimé les hommes qu'il n'a rien épargné, jusqu'à s'épuiser et se consumer pour leur témoigner son amour ; et pour reconnaissance, je ne reçois de la plupart que des ingratitudes, par les mépris, les irrévérences, sacrilèges et froideurs qu'ils ont pour moi dans le sacrement d'amour. »

Une autre fois, raconte la bienheureuse, Jésus-Christ me dit :

« Mon divin Cœur est si passionné d'amour pour les hommes, et pour toi en particulier, que, ne pouvant plus contenir en lui-même les flammes de son ardente charité, il faut qu'il les répande par ton moyen et qu'il se manifeste à eux pour les enrichir de ces précieux trésors que je te découvre, et qui contiennent les grâces sanctifiantes et salutaires nécessaires pour les retirer de l'abîme de perdition. »

En une autre apparition : « L'ingratitude des hommes m'est plus sensible que tout ce que j'ai souffert dans ma passion ; s'ils me rendaient quelque retour, j'estimerais peu tout ce que j'ai souffert pour eux et je voudrais, s'il se pouvait, en souffrir davantage. » — « Ma fille, veux-tu me donner ton cœur pour faire reposer mon amour souffrant que tout le monde méprise ? »

« Mon Seigneur, je suis toute à vous, faites de moi selon vos désirs ; mais vous savez que les victimes doivent être innocentes et je ne suis qu'une criminelle. »

« Ma fille, ton désir de me recevoir (dans la communion) a pénétré si avant dans mon cœur que, si je n'avais pas institué ce sacrement d'amour, je le ferais maintenant pour devenir ton aliment, pour avoir le plaisir de loger dans ton âme et de prendre mon repos d'amour dans ton cœur. »

« Apprenez de moi à être doux et humble de cœur (1), autrement vous ne pourrez être aimés de mon cœur qui ne vous reconnaîtra pas pour ses disciples si vous ne vous rendez conformes à lui par la pratique de ses maximes. »

« Ma fille, considère ce que tu es, ce que tu mérites, et tu connaîtras d'où viennent les biens que tu possèdes. Abîme ton néant dans ma grandeur, prends garde d'en jamais sortir, parce que tu n'y rentrerais plus. »

(La Bienheureuse.) « Tenons-nous petites et basses à nos yeux, afin de croître dans le divin Cœur. La plus humble et la plus humiliée sera le plus avant dans ce Cœur adorable. »

(1) S. Matthieu, XI, 29.

LES PROMESSES

DE NOTRE-SEIGNEUR

à la Bienheureuse.

Le plaisir que le Sacré Cœur prend d'être aimé, honoré de ses créatures, est si grand, rapporte-t-elle, qu'il m'a promis que tous ceux qui lui auront été dévoués et consacrés ne périront jamais.

1° Je leur donnerai toutes les grâces nécessaires dans leur état.

2° Je mettrai la paix dans leurs familles.

3° Je les consolerai dans toutes leurs peines.

4° Je serai leur refuge assuré durant leur vie et surtout à la mort.

5° Je répandrai d'abondantes bénédictions sur toutes leurs entreprises.

6° Les pécheurs trouveront dans mon cœur la source et l'océan infini de la miséricorde.

7° Les âmes tièdes deviendront ferventes.

8° Les âmes ferventes s'élèveront rapidement à une grande perfection.

9° Je donnerai aux prêtres le talent de toucher les cœurs les plus endurcis.

10° Je bénirai même les maisons où l'image de mon Cœur sera exposée et honorée.

11° Les personnes qui propageront cette dévotion auront leur nom écrit dans mon Cœur et il ne s'en effacera jamais (1).

(1) Extraits de la vie et des œuvres authentiques de la Bienh. Marguerite-Marie.

PAROLES

DU VÉNÉRABLE VIANNEY

Curé d'Ars

SUR LE SACRÉ CŒUR

« Que fait Notre-Seigneur dans le sacrement de son amour? Il a pris son bon cœur pour nous aimer ; il est là comme dans le ciel, sur son trône d'amour et de miséricorde, nous tendant ses mains pleines de grâces... Que c'est beau !... Si l'homme connaissait bien ce mystère, il mourrait d'amour... O Jésus! vous connaître, c'est vous aimer... Il sort du Cœur de Jésus une transpiration de tendresse et de miséricorde capable de noyer tous les péchés du monde.— O Cœur de Jésus, poursuivait-il, les yeux pleins de larmes, cœur d'amour, fleur d'amour !... Si nous n'aimons pas ce cœur si aimable, qu'aimerons-nous donc (1) ? »

Il ressort de tout ceci un enseignement qu'on ne saurait trop méditer et mettre en pratique, à savoir : que depuis l'Incarnation jusqu'à la sainte Eucharistie, le cœur de Jésus-Christ n'a cessé de battre d'amour pour l'homme, mais qu'il a réservé pour ces derniers siècles la dévotion à son divin Cœur comme « le suprême effort de son amour, le souverain remède à nos maux » (2). Répondons donc à l'appel de ce Cœur si doux, si bon, si aimable et si aimant de Jésus, en nous donnant à lui comme il se donne à nous, lui disant avec la bienheureuse Marguerite-Marie :

O amoureux Cœur de Jésus, vivez et régnez dans nos cœurs et consumez-les dans votre amour !

(1) Extrait des catéchismes du Vénérable.

(2) Paroles de N.-S. J.-C. à la Bienheureuse Marguerite-Marie.

DÉVOTION

A LA TRÈS SAINTE VIERGE

Marie, de laquelle est né Jésus, qui est appelé Christ.
(*S. Matthieu*, I, *16.*)

Jésus et Marie ! Pour le chrétien, ce sont deux noms inséparables, qui lui rappellent les deux grands cœurs sans cesse occupés de son salut. Si Jésus est notre Rédempteur, Marie est notre corédemptrice. Si Jésus est notre médiateur auprès de son Père, Marie est notre médiatrice auprès de son Fils. De la dévotion à Jésus découle donc, comme le ruisseau de sa source, la dévotion à Marie. Au reste, ce serait manquer au Fils que de ne pas honorer la Mère. C'est pourquoi, plus on aime Jésus, plus on doit aimer Celle qui nous l'a donné, Celle qu'il a tant aimée lui-même, dont la gloire est la sienne, puisqu'elle tire de Lui toutes ses grandeurs; et de même que Jésus est venu à nous par Marie, de même il désire que par elle nous allions à lui. L'ayant associée aux humiliations et aux douleurs de sa croix, il l'associe à sa gloire et à ses joies du ciel. Il en est le roi, elle en est la reine. Maître suprême des vertus et des grâces, il l'en a établie la dispensatrice. S'il est le Dieu des miséricordes envers les pécheurs, Marie en est l'avocate et le refuge. Que dirons-nous enfin? Marie mère de Jésus, est aussi notre mère. Quoi de plus? Mère de Jésus, cela veut dire qu'elle est toute-puissante sur son cœur, qu'elle est toute sainte et toute bonne; par conséquent, qu'elle mérite tout notre respect, toute notre confiance et tout notre amour. C'est ce que les saints s'accordent à nous dire pour mieux nous attirer à Elle :

SAINT EPHREM :

O sainte Mère de Dieu, protégez-nous, conservez-nous sous les ailes de votre piété et de votre miséricorde ; toute notre confiance est en vous.

(*De S. D. gen. laudibus.*)

SAINT EPIPHANE :

Marie a donné la vie au monde, en sorte qu'elle est tout à la fois la mère de la Vie et de tous les vivants. (*S. Epiph.*, 78.)

SAINT AMBROISE :

Qu'y a-t-il de plus noble que la Mère de Dieu ? et qui a plus de splendeur que celle que la Splendeur éternelle a choisie ?

(*De Virg.*, *lib.* 2.)

SAINT ANSELME :

Les paroles me manquent, ô Vierge incomparable, et mon esprit même ne suffit pas pour vous témoigner ma reconnaissance. N'êtes-vous pas une mère aussi pleine de bonté que de grâce ?

SAINT BERNARD :

O Vierge admirable ! ô Femme bénie au-dessus de toutes les femmes, vous avez réparé la perte de nos premiers parents et vivifié leur postérité.

Avec quelle tendresse de dévotion et de seutiment Dieu n'a-t-il pas voulu que nous honorions Marie, lui qui a réuni en elle la plénitude de tous les biens, afin que tout ce qui se trouve en nous d'espérance, de grâce et de salut, nous reconnaissions que c'est par elle que nous l'avons reçu.

Le peu que vous avez à offrir à Dieu, ayez soin de l'offrir par les mains de Marie, si vous ne voulez pas qu'il soit rejeté.

Vous n'osiez vous adresser à Dieu le Père ; il vous a donné Jésus pour médiateur. Vous voulez un médiateur auprès de Jésus, ayez recours à Marie.

Pour moi, mes enfants, voilà l'objet de ma grande et très grande confiance. Demandons la grâce par l'intercession de Marie ; elle obtient tout ce qu'elle demande.

O Marie !.. Elle ouvre à tous les fidèles le sein de sa miséricorde, afin que tous puisent les biens dans sa plénitude : le captif y trouve la liberté ; le malade, la guérison ; l'affligé, la consolation ; le pécheur, le pardon ; le juste, l'augmentation de la grâce ; les Anges, la joie ; l'adorable Trinité elle-même, sa gloire.

SAINT BONAVENTURE :

O Marie, notre aimable souveraine, en vertu de la qualité de Mère de Dieu, à laquelle vous avez été élevée, vous pouvez commander aux puissances de l'enfer, empêcher les démons de nous nuire et ordonner aux Anges de nous protéger.

LE VÉNÉRABLE CURÉ D'ARS :

Le Père se plaît à regarder le cœur de Marie comme le chef-d'œuvre de ses mains ; le Fils, comme le cœur de sa mère, la source dans laquelle il a puisé le sang qui nous a rachetés ; le Saint-Esprit, comme son Temple.

Avant sa venue, la colère de Dieu était suspendue sur nos têtes comme un sabre prêt à nous frapper. Aussitôt que la sainte Vierge parut sur la terre, sa colère fut apaisée... Elle ne savait pas qu'elle devait être la mère de Dieu, et, toute petite, elle disait : « Quand verrai-je cette belle créature qui doit être la Mère de Dieu ? »

On compare bien souvent la sainte Vierge à une mère ; mais elle est encore bien meilleure que la meilleure des mères ; car la meilleure des mères punit quelquefois son enfant qui lui fait du chagrin, même elle le bat, et croit bien faire. Mais la sainte Vierge ne fait pas comme ça. Elle est si bonne qu'elle nous traite toujours avec amour et ne nous punit jamais.

Le Cœur de cette bonne mère n'est qu'amour et miséricorde ; elle ne désire que nous voir heureux. Il suffit seulement de se tourner vers elle pour être exaucé.

Le Fils a sa justice ; la Mère n'a que son amour.

Jésus était prêt à punir un pécheur ; Marie s'élance, arrête le glaive, demandant grâce pour le pauvre coupable : « Ma Mère, lui dit Notre-Seigneur, je ne puis rien vous refuser. Si l'enfer pouvait se repentir, vous lui obtiendriez sa grâce. »

La très sainte Vierge se tient entre son Fils et nous. Plus nous sommes pécheurs, et plus elle a de tendresse et de compassion. Une mère ne court-elle pas toujours au plus faible et au plus exposé de ses enfants ?

Le Cœur de Marie est si tendre pour nous, que celui de toutes les mères réunies n'est qu'un morceau de glace auprès du sien.

Voyez comme elle est bonne ! Son grand serviteur Bernard lui disait souvent : Je vous salue, Marie !... Un jour, cette bonne Mère lui répondit : Je te salue, mon fils Bernard !

L'*Ave Maria* est une prière qui ne lasse jamais.

On se lasse en parlant commerce ou politique, mais quand on parle de la sainte Vierge, c'est toujours nouveau.

La dévotion à la sainte Vierge est moelleuse, douce, nourrissante.

Tous les saints lui ont une grande dévotion ; c'est qu'aucune grâce ne vient du ciel sans passer par ses mains.

On n'entre pas dans une maison sans parler au portier; eh bien! la sainte Vierge est la portière du ciel.

Lorsqu'on veut offrir quelque chose à un grand personnage, on fait présenter l'objet par la personne qu'il préfère, afin que l'hommage lui soit plus agréable. Ainsi nos prières, présentées par la sainte Vierge ont un mérite tout particulier parce qu'elle est la seule créature qui n'ait jamais offensé Dieu.

Tout ce que le Fils demande au Père lui est accordé. Tout ce que la Mère demandé au Fils lui est pareillement accordé.

Lorsque nos mains ont touché des aromates, elles embaument tout ce qu'elles touchent, eh bien ! faisons passer nos prières par les mains de Marie, elle les embaumera. (Extraits de l'*Esprit du curé d'Ars.*)

Quelles paroles plus encourageantes à confier l'affaire du salut à la très sainte Vierge! Toutefois, sachons-le bien ; elle ne nous donnera sa tendresse et sa protection qu'autant que nous nous efforcerons de l'imiter et que nous serons fidèles à l'invoquer chaque jour, surtout au nom de son Immaculée Conception et par l'offrande du saint Rosaire, qu'elle nous a apporté elle-même (1), comme la prière qui lui plaît le plus, comme le livre qu'elle désire voir en nos mains avec le Crucifix, le livre de son cher Fils Jésus.

(1) Dans la personne de saint Dominique.

DÉVOTION

A SAINT JOSEPH

Allez à Joseph et faites tout ce qu'il vous dira.

(Genèse, LXI-55.)

Comme pour Marie, la langue humaine ne saurait assez louer les grandeurs et les gloires de Joseph ; car, après la bienheureuse Vierge, aucun saint n'est plus haut placé dans le ciel, n'y jouit d'un plus puissant crédit, et par là même, ne mérite mieux nos hommages de respect, de confiance et d'amour. En effet, considérons les deux titres fondamentaux de la dévotion à saint Joseph : 1° Il fut le père de Jésus ; 2° Il fut l'époux de Marie.

1° SAINT JOSEPH, PÈRE DE JÉSUS

Après la dignité de Mère de Dieu, qui éléve Marie au-dessus de toutes les créatures et en fait la reine du ciel et de la terre, quelle dignité plus sublime que celle du père de Jésus, ainsi que nomment Joseph et le Saint-Esprit dans l'Evangile (1) et Marie dans le temple(2)? En vertu de ce choix, Joseph a été substitué à Dieu lui-même, chargé d'en tenir la place aux yeux des hommes, honoré d'une juridiction sur Jésus, qui lui donne le droit de commander au Verbe incarné tout ce qui est du devoir d'un fils, et le Verbe, par qui tout a été fait, obéit comme a un père. O titre, ô dignité incomparable ! Quelle céleste et magnifique mission que celle d'élever, de nourrir au prix de ses travaux et de ses sueurs le Fils du Très-Haut, et de fournir à tous ses besoins ! Comme elle grandit saint Joseph ! Comme elle doit nous rendre son culte cher et respectable, et nous

(1) Saint Luc, 11-35. — (2) Id., 48.

inspirer une confiance entière en sa protection !

SAINT JOSEPH ÉPOUX DE MARIE

A ce nouveau titre, Joseph partage la gloire de cette Vierge choisie entre tous les descendants de Juda, et élevée au-dessus de toutes les nations qui l'appelleront bienheureuse. Comme époux de Marie, il est son maître et son seigneur ; car, dit l'apôtre, « l'homme est le chef de la femme », en sorte que la Mère de Dieu appela Joseph son seigneur et son maître, et lui fut soumise en tout, elle dont les anges s'honoreront de prendre les ordres. Quel prodige d'élévation !

En sa double qualité de père de Jésus et d'époux de Marie, nous devons croire que Joseph, prédestiné à remplir une mission aussi sublime,a été orné de toutes les grâces nécessaires, et bien que l'Eglise ne fasse pas un article de foi de la sanctification de son âme dans le sein de sa mère, elle autorise néanmoins cette pieuse croyance, qui est celle de Gerson, de Suarez et de plusieurs grands docteurs. Si Jérémie et saint Jean-Baptiste ont été sanctifiés avant de naître, l'un parce qu'il devait prédire la venue du Messie et l'autre en être le précurseur, comment Joseph n'aurait-il pas été prévenu du même privilège, lui, appelé à le nourrir, à l'élever, à lui servir de père?

Les mêmes docteurs de l'Eglise, saint Augustin en tête, affirment également que saint Joseph ne perdit jamais la grâce sanctifiante. Les dons merveilleux dont il allait vivre dans la société de Jésus et de Marie, écartent de cette âme privilégiée l'ombre, l'approche du péché mortel ; car toute idée de péché est incompatible avec cette trinité terrestre comme avec la Trinité céleste.

L'Evangile nous apprend que plusieurs saints ressuscitèrent avec Notre-Seigneur, pour rendre témoignage à la résurrection du Christ, dit saint Thomas, et formèrent son cortège au jour de son ascension. De ces saints aucun n'est nommé, mais, est-il téméraire d'affirmer que parmi eux devait être Joseph ? « Saint Joseph, dit saint François de Sales, ayant eu l'honneur d'être si étroitement uni à Jésus, avait un titre suffisant pour prétendre à une résurrection anticipée. »

Telle est aussi l'opinion de saint Bernardin, de Gerson, de Suarez et d'un grand nombre d'auteurs célèbres.

. Nous pouvons croire également que par sa vie intime sur la terre avec Jésus et Marie, notre glorieux patriarche doit leur être plus rapproché au ciel que tout autre saint. Jésus pouvait-il éloigner de sa personne celui qui l'avait logé, nourri, élevé dans sa maison ? Et, d'autre part, Marie étant la Reine du ciel, qui pourrait être au-dessus de son époux au royaume céleste ? « Je crois, dit Jean de Carthagène, qu'après la sainte Vierge, Joseph est placé au premier rang dans le ciel. L'excellence de Joseph, ajoute saint Thomas, doit se mesurer sur la grandeur de sa dignité. Or, comme nous l'avons dit plus haut, quelle dignité plus élevée, après celle de Marie, que celle de Joseph, son époux et père de Jésus ?

POUVOIR

DE SAINT JOSEPH AU CIEL

Sa bonté à l'employer en notre faveur.

1° SA PUISSANCE

Saint Joseph est tout à la fois puissant sur le cœur de Dieu, puissant sur le cœur de Jésus, puissant sur le cœur de Marie. Que pourrait refuser Dieu, en effet, à celui que, préférablement à tous les princes du ciel et de la terre, il a associé à sa divine paternité ; qu'il a constitué la Providence visible de son Fils, et qui a si dignement rempli cette grande mission ? Qu'est-ce que le Verbe incarné, de son côté, pourrait refuser à celui de qui il a tout reçu sur la terre, dont il a été tant aimé, si bien servi, entouré de soins et de vigilance ?

Aurait-il donc changé de sentiments dans le ciel à l'égard de son père adoptif ? Loin de nous cette pensée injurieuse au cœur de Jésus ! Supposons même que Joseph seul ait de la peine à faire agréer sa requête, n'a-t-il pas alors, sur le cœur de Marie, pour l'appui de sa demande, les droits les plus irrécusables de l'autorité légitime, de la reconnaissance, et ceux de l'amitié ? On peut donc dire de Joseph ce que les Pères ont dit de Marie, que sa prière est toute-puissante pour obtenir ce qu'elle demande.

2° SA BONTÉ

Si saint Jean, pour avoir reposé sa tête quelques instants sur la poitrine de Jésus, est devenu l'apôtre et l'évangéliste de la charité, que devons-nous penser de saint Joseph, qui si souvent porta dans ses bras et fit reposer sur sa poitrine la charité du Dieu incarné ? Oh ! comme d'un cœur dans l'autre la charité se sera épanchée sans mesure et sans réserve ! Combien, à cette double source de bonté, il a puisé, tant d'années, de tendresse, d'obligeance, de disposition à rendre service, à accueillir les demandes et à les faire exaucer !

Concluons de là combien est bon saint Joseph ! Sa bonté égale sa puissance. « Je ne me souviens pas, disait sainte Thérèse, d'avoir jamais rien demandé à Dieu par l'intercession de saint Joseph, que je ne l'aie obtenu », et je n'ai connu personne, ajoutait-elle, qui l'ait assidûment invoqué sans avancer dans la vertu. Et remarquons ceci, qui rendra notre dévotion plus éclairée, plus ferme et plus confiante, c'est que Joseph, prédestiné à concourir à l'œuvre de la rédemption des hommes, la continue au ciel avec la très sainte Vierge, son épouse. Voilà pourquoi il a comme elle un crédit illimité auprès de Dieu. Il n'est pas seulement comme les autres saints, le protecteur de telle ou telle classe, pour telle ou telle grâce à obtenir, mais le protecteur de tous les âges, de toutes les conditions, de toutes les causes qui lui sont confiées, particulièrement des causes les plus désespérées.

L'esprit de famille se perd! La foi s'en va de la société! Tel est le cri d'alarme poussé partout. Quel besoin n'avons-nous pas de la protection sensible du Juste qui vécut de la foi plus que tous les patriarches ensemble? Ç'a donc été par une inspiration divine que Pie IX, de sainte et immortelle mémoire, voyant notre société si malade d'esprit et de cœur, a déclaré, le 8 septembre 1870, le glorieux saint Joseph patron de l'Eglise catholique.

Et voici que dernièrement, le 15 août 1889, Sa Sainteté Léon XIII a vivement recommandé à la société chrétienne de recourir au puissant patronage de saint Joseph en nos temps si troublés, et de le prendre pour modèle de vie domestique et sociale si elle veut être sauvée. De même que le premier Joseph fut établi par le roi Pharaon l'intendant de sa maison, son premier ministre, l'économe de toute l'Egypte, de même, disent les Pères et les docteurs de l'Eglise, saint Joseph a été établi l'économe des biens célestes pour la grande famille de Dieu.

Allons donc à saint Joseph, aimons à le saluer souvent comme un chef-d'œuvre de l'adorable Trinité, l'image du Père, l'amour du Fils, le coopérateur du Saint-Esprit, à le prier, à lui confier, ainsi qu'à Marie, la grande affaire du salut, car, avec elle, il est le patron de la bonne mort.

PRIÈRE

Souvenez-vous, ô très chaste époux de Marie, ô mon aimable protecteur, saint Joseph, que l'on n'a jamais entendu dire que quelqu'un ait sollicité votre protection et imploré votre secours sans avoir été consolé ; je viens, avec cette confiance, me présenter à vous et me recommander à vous avec ferveur. Ah ! ne méprisez pas mes prières, ô père adoptif du Rédempteur, mais écoutez-les avec bonté et daignez les exaucer.

(Indulgence de 300 jours une fois par jour et applic. aux âmes du purgatoire. Pie IX, 20 juin 1863.)

NOUVELLE PRIÈRE A SAINT JOSEPH

Indiquée par Léon XIII en son Encyclique sur le culte de S. Joseph.

Nous recourons à vous dans notre tribulation, bienheureux Joseph, et, après avoir imploré le secours de votre très sainte Epouse, nous sollicitons aussi avec confiance votre Patronage. Par l'affection qui vous a uni avec la Vierge Immaculée, Mère de Dieu ; par l'amour paternel dont vous avez entouré l'Enfant Jésus, nous vous supplions instamment de regarder avec bienveillance l'héritage que Jésus-Christ a acquis au prix de son sang, et de nous assister de votre puissance et de votre secours dans nos besoins.

Protégez, ô très sage Gardien de la divine famille, la race élue de Jésus-Christ ; préservez-nous, ô Père très aimant, de toute souillure d'erreur et de corruption ; soyez-nous propice et assistez-nous du haut du ciel, ô notre très puissant Libérateur, dans le combat que nous livrons à la puissance des ténèbres ; et de même que vous avez arraché autrefois l'enfant Jésus au péril de la mort, défendez aujourd'hui la sainte Eglise de Dieu des embûches de l'ennemi et de toute adversité. Gardez à jamais chacun de nous sous votre patronage, afin que, soutenus par votre exemple et par votre secours, nous puissions vivre saintement, pieusement mourir, et obtenir la béatitude éternelle du ciel. — Ainsi soit-il (1).

(1) S. S. Léon XIII accorde, à la récitation de cette prière, 7 ans et 7 quarantaines.

DÉVOTION
A L'ANGE GARDIEN

Il a commandé à ses anges de vous garder dans toutes vos voies.
(*Psaume* XC-11.)

Exposés à tous les périls, battus sans cesse par les flots d'une mer agitée (le monde), il doit nous être bien doux de nous replier sur cette pensée consolante de notre foi, qu'il est à notre côté un guide invisible, présidant à toutes nos actions, surveillant toutes nos démarches. Bénie soit donc la divine Providence qui a préposé à notre garde et attaché à nos pas un esprit de sa droite pour nous diriger dans ses voies et nous éloigner des sentiers battus du vice et de l'impiété. Désormais, que pourrions-nous craindre ? Dans tous les temps et en tous les lieux, dans l'obscurité des cachots comme au sein dela liberté; dans l'isolement de la solitude et au milieu du tumulte du monde, elle a son accomplissement cette parole du prophète : « Il a commandé à ses anges de vous garder dans toutes vos voies. »

Après Jésus, Marie, Joseph, nous n'avons pas de protecteur plus puissant, d'ami plus dévoué et plus fidèle. D'où vient cependant que cette dévotion, à la fois si aimable et si avantageuse est généralement peu mise en pratique? Est-ce par ignorance ou par oubli? Peut-être par les deux ensemble. Il est donc à propos de rappeler ici d'abord les bons offices de nos anges gardiens, puis nos devoirs envers eux, car l'affaire de notre salut y est fortement engagée.

BONS OFFICES DES ANGES GARDIENS

Le culte des anges est aussi ancien que la création, et nous lisons dans les saintes Ecritures que, dès les premiers âges du monde, les patriarches, ces hommes choisis de Dieu pour transmettre la vraie croyance à la postérité la plus reculée, invoquaient les anges et sollicitaient leurs bénédictions. Il n'est pas une page de l'histoire sainte qui ne soit un témoignage de protection et de reconnaissance. Ici, c'est un bras invisible arrêtant celui d'Abraham au moment d'immoler son fils Isaac ; là, c'est Loth entraîné par deux voyageurs inconnus, loin de Sodome, que dévore bientôt une pluie de soufre et de feu. Dans le Nouveau Testament, nous voyons saint Pierre qu'un ange délivre de ses liens et rend à la liberté. Paul et Silas sont jetés dans les prisons de Philippes, mais à l'apparition d'un ange, la terre tremble, les murs sont ébranlés et les portes s'ouvrent d'elles-mêmes.

Mais le Dieu de bonté semble avoir voulu nous mettre sous les yeux, comme en un tableau, les principaux services de l'ange gardien dans la personne de l'archange Raphaël qui servit de guide au jeune Tobie et le ramena sain et sauf à ses parents. Qui ne connaît cette histoire aussi touchante qu'instructive ? Eh bien ! telle est celle de chaque chrétien. A peine est-il baptisé que l'ange que Dieu lui a destiné de toute éternité, se présente pour le recevoir et faire avec lui le voyage de la vie. « Nos âmes sont donc un trésor bien précieux, s'écrie saint Jérôme, puisque, dès le moment de leur naissance spirituelle, un ange est envoyé à chacune d'elles (1). »

Combien de fois la main tutélaire de notre bon ange a écarté les dangers et les obstacles semés sur nos pas, tels que les chutes, les incendies, les naufrages, etc., selon la parole du prophète : « Ils te porteront entre leurs mains, de peur que tu ne heurtes le pied contre la pierre. Tu marcheras sur l'aspic et le basilic, et tu fouleras aux pieds le lion et le dragon (2) ! »

Mais si l'ange gardien veille avec tant de soin à la conservation de notre corps, il a surtout à cœur le salut de notre âme. C'est pour elle qu'il a quitté son trône de gloire ; c'est à elle qu'il réserve ses plus

(1) S. Jérôme, *Comm. in Ps.* XC. — (2) Ps. XC, 13.

tendres affections. Réfléchissons un peu et nous avouerons qu'il nous a donné les mêmes conseils et les mêmes leçons que l'ange Raphaël au jeune Tobie. Tantôt il relève notre courage abattu par les épreuves, nous console dans l'affliction, ravive notre espérance chancelante dans la souffrance, nous montrant le ciel et sa gloire éternelle comme couronne de la sainte résignation; tantôt il nous anime et nous fortifie dans les combats incessants contre le démon, contre le monde et nos propres passions. Venons-nous à succomber, il nous tend la main pour nous relever, nous excitant au repentir et au ferme propos de mieux servir le Seigneur. Sommes-nous fidèles à sa voix et sortons-nous victorieux de la lutte, oh! alors, heureux de notre victoire, avec quelle joie il l'écrit sur le livre de vie, ainsi que nos bonnes prières, nos œuvres de charité, pour les faire valoir et peser au grand jour dans la balance éternelle! En un mot, il s'intéresse à tous nos besoins, ressent toutes nos nécessités. Gardien toujours fervent et infatigable, sentinelle vigilante, il vellle sur notre cœur, lui inspire les saintes pensées, les pieux désirs que sa charité féconde et que son zèle encourage à l'exécution.

Mais voici l'heure de douleur et d'effroi, l'heure du suprême combat, de la dernière lutte, en face de la mort et de l'éternité ; qu'allons-nous devenir, effrayés que nous sommes par les cris de la conscience ? Soutenu dans ses attaques par des légions infernales, comme l'ange maudit redouble d'efforts pour ne pas perdre le fruit de tant d'années de tentation ! On dirait l'enfer entier au siège de cette âme dont il convoite la proie. Courage ! courage, chère âme ! regardez à votre droite, baisez cette main fraternelle qui écarte les loups infernaux ; écoutez cette voix qui vous parle de Jésus, de Marie, de Joseph et du ciel... Confiance ! encore un combat, encore un sacrifice, vous touchez au terme de vos tribulations. Silence ! les portes éternelles se sont ouvertes ; une âme toute rayonnante de bonheur, portée sur les ailes de son bon ange, est aux pieds du Tout-Puissant. Le ciel entonne l'hymne de la victoire et l'enfer vaincu frémit de rage.

Telle est la mort du chrétien dans les bras de l'ange gardien. Tels sont ses bons services ; heureux si nous savons les apprécier! Plus heureux si nous savons y répondre en lui rendant les devoirs que mérite une charité si grande et si féconde en bienfaits !

NOS DEVOIRS ENVERS NOS ANGES GARDIENS

« Voici que j'enverrai mon ange pour marcher devant vous et vous garder dans votre voie, afin de vous introduire au lieu que je vous ai préparé. Respectez-le, écoutez sa voix ; gardez-vous bien de le mépriser, car il parle en mon nom, par mon autorité.

« Que si vous écoutez sa voix et que vous fassiez tout ce que je vous dis par sa bouche, je serai l'ennemi de vos ennemis, et j'affligerai ceux qui vous affligent. »

(Exode, XXIII, 20, 21, 22.)

Remercions Dieu qui a bien voulu nous tracer lui-même nos devoirs envers les anges gardiens. Saint Bernard les résume ainsi :

Respect pour leur présence ;

Reconnaissance pour leurs bons offices ;

Confiance en leur garde (1).

1° Le Respect. — Si on doit le respect aux grands et saints personnages de la terre, à plus forte raison devons-nous respecter les princes du ciel, les grands officiers de la maison de Dieu. Leur manquer de respect, d'ailleurs, ne serait-ce pas en manquer à Dieu lui-même dont ils sont les représentants ? Marchons donc toujours devant eux avec circonspection, et, en quelque lieu que ce soit, portons à notre bon ange le respect le plus profond. Gardons-nous de faire en sa présence ce que nous n'oserions faire devant notre semblable. Hélas ! que de chrétiens ont à se reprocher à cet égard !

Avouons-le aussi : que nous pensons

(1) S. Bernard (sur le ps. XL, sermon XII, 26).

peu souvent à la présence de l'ange gardien ! Autrement, nous veillerions mieux sur nos pensées, sur nos paroles, sur nos démarches, sur toute notre conduite.

2° La Reconnaissance. — Après Jésus et Marie, nous l'avons dit plus haut, personne ne mérite davantage notre amour et notre reconnaissance que l'ange gardien. Quel bienfaiteur plus généreux ? Quel ami plus tendre et plus dévoué ? Si donc nous l'aimons vraiment et sommes reconnaissants de ses bons offices, témoignons-le-lui chaque matin en le saluant à notre réveil, aimant comme un enfant pieux, un ami affligé, un pauvre nécessiteux, à le remercier, à lui raconter nos peines, à lui exposer nos besoins, puis, le soir venu, à lui recommander notre âme pour la nuit.

3° La Confiance. — De même que le petit enfant a toute confiance en sa mère, qu'il n'a point de secret pour elle, que pour lui elle est tout, son guide, son conseil, son défenseur, de même devons-nous agir avec notre bon ange, en faire le confident de notre âme, suivre filialement ses inspirations, l'appeler à notre secours dans les tentations et en toute circonstance difficile.

Oh ! alors, nous serons courageux et forts dans les saints combats, nous aimerons à répéter après lui : Qui est semblable à Dieu ? cri de ralliement et de victoire sur l'ennemi, chant éternel des perfections divines au séjour de la gloire et du bonheur.

PRIÈRE

Ange de Dieu à qui j'ai été confié par sa providence, éclairez-moi, protégez-moi toute ma vie et à l'heure de la mort.

1° Indulgence de 100 jours chaque fois.

2° Indulg. plénière, une fois le mois, si on la récite chaque jour.

3° Indulg. plén. le 2 octobre et à l'article de la mort.

(Pie VII, 15 mai 1821.)

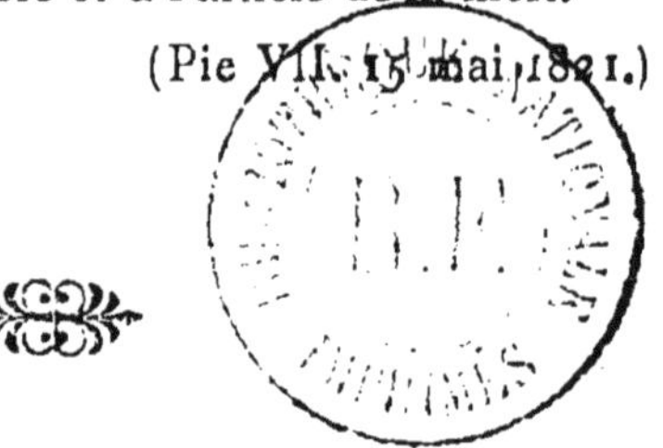

TABLE DES MATIÈRES

Lyon. — Imp. Emmanuel Vitte, rue Condé, 30.

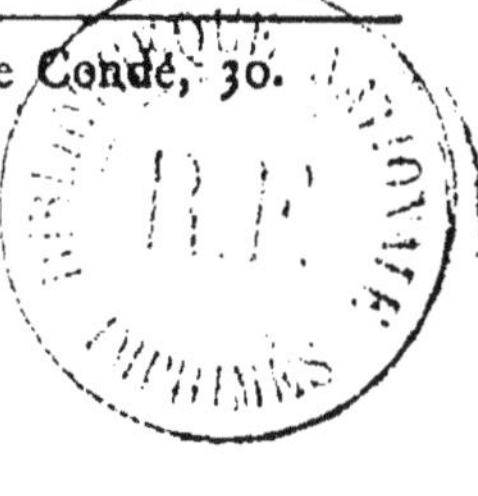

www.ingramcontent.com/pod-product-compliance
Ingram Content Group UK Ltd.
Pitfield, Milton Keynes, MK11 3LW, UK
UKHW020914180726
13838UKWH00002B/540